AF503290

LES NAVIRES DE GUERRE

CONSTRUITS À CAEN EN 1757

PAR

M. PH. BARREY

ARCHIVISTE DE LA VILLE DU HAVRE

CORRESPONDANT DU MINISTÈRE DE L'INSTRUCTION PUBLIQUE

(Extrait du *Bulletin historique et philologique*, 1911)

PARIS

IMPRIMERIE NATIONALE

MDCCCCXII

LES
NAVIRES DE GUERRE
CONSTRUITS À CAEN EN 1757

PAR

M. PH. BARREY
ARCHIVISTE DE LA VILLE DU HAVRE
CORRESPONDANT DU MINISTÈRE DE L'INSTRUCTION PUBLIQUE

(Extrait du *Bulletin historique et philologique*, 1911)

PARIS
IMPRIMERIE NATIONALE

MDCCCCXII

LES

NAVIRES DE GUERRE

CONSTRUITS À CAEN EN 1757.

Malgré de multiples avertissements, Louis XV ne se décida à déclarer à la Grande-Bretagne la guerre qui, grâce à son manque de sens politique et à son imprévoyance, devait consommer la ruine de notre empire colonial, que lorsque des actes d'hostilité éclatante lui démontrèrent surabondamment l'implacable décision qui dictait la conduite de nos adversaires. Pendant que notre marine frappait dans la Méditerranée un coup retentissant, mais que nos désastres imminents devaient rendre inutile, dans tous nos ports de guerre on pressait la construction de bâtiments de combat avec une activité plus fiévreuse que raisonnée.

En cette occasion, voulant armer rapidement le plus de forces navales possible, le ministre de la marine Machault fit appel à tous les concours, et prêta une oreille complaisante à des propositions qui se recommandaient plutôt d'intérêts particuliers que du souci d'accroître notre puissance maritime. C'est une de ces négociations que des recherches poursuivies dans les archives de la marine au Havre m'ont mis à même de connaître. Par elle-même ce n'est qu'un des plus petits côtés de l'histoire de cette période néfaste, et je n'aurais jamais songé à en faire l'objet d'un exposé spécial, si précisément il n'intéressait dans une certaine mesure la ville de Caen, où se tient cette année le Congrès des Sociétés savantes.

Le 14 avril 1756, Machault informait l'intendant de la marine au Havre, Ranché [1], que des négociants de Caen, ayant ras-

[1] Ancien gouverneur de la Martinique. Intendant au Havre le 1er août 1754. Démissionnaire du 1er janvier 1762.

semblé des bois en quantité assez considérable, lui avaient proposé de construire à forfait quelques frégates ou corvettes à Caen. «Comme leurs offres, ajoutait-il, paraissent pouvoir être acceptées, je m'en remets à vous de discuter les conditions, mais je pense en général qu'on pourrait faire construire à Caen deux frégates de 30 portant du 8, en suivant pour cela le plan que j'ai dernièrement approuvé pour les frégates de cette force à mettre sur les chantiers du Havre [1], et deux corvettes de 16 ou de 12 canons, suivant les plans que dressera le sieur Ginoux [2].»

Ce constructeur devait se rendre à Caen pour examiner ces propositions et suivre le travail. On envisageait même l'éventualité de la nomination d'un commissaire ou d'un écrivain principal.

Plus de deux mois s'écoulèrent avant la réponse de Ranché. Pendant ce temps, il négociait avec les auteurs de la proposition, Rayer, Cussy et Jouvencourt, négociants à Caen, s'informait auprès des marins et des pilotes de la possibilité de donner satisfaction au ministre.

Son avis, qu'il exprimait le 2 juillet, était d'ailleurs nettement défavorable. On demandait 138,000 livres pour une seule frégate et 109,287 livres par corvette, seulement pour les finir en charpente, sans menuiserie, sculpture ni mâture. Dans cet état, les quatre dernières frégates mises à l'eau au Havre n'étaient revenues qu'à 115,000 livres.

Ranché représentait en outre que, de l'avis des gens de métier, l'endroit choisi pour la construction de ces navires était mal situé, que l'on aurait beaucoup de mal à les lancer, plus encore à les amener au Havre, qu'ils ne pourraient guère être livrés avant deux ans, et qu'à tout prendre, si l'on tenait absolument à ces bâtiments, il était préférable de faire venir les bois au Havre, où il ne manquait pas d'emplacements sur le rivage pour y établir des chantiers.

Ces arguments ne convainquirent point le ministre. Son siège était fait. Le 20 juillet, il écrivait que les raisons qui lui avaient fait écouter favorablement les ouvertures des négociants de Caen subsistaient, et qu'il n'y avait pas de motif d'y rien changer, que le lieu était propre pour les constructions, qu'une partie des bois y

(1) L'*Aigrette*, la *Félicité* et la *Vestale*.

(2) Jean-Joseph Ginoux, né à Toulon en 1723. Sous-constructeur à Brest, passa au Havre en cette qualité le 1er février 1752; constructeur le 22 juin 1757, ingénieur-constructeur le 1er avril 1765. Mort au Havre le 23 novembre 1786.

était déjà apportée, et qu'enfin ces bâtiments devaient être rendus au Havre avec leur gréement et leur garniture.

Il est à penser que dans l'intervalle Ranché avait réfléchi, car le 27 du même mois il déclare très acceptable la demande de 185,000 livres pour les frégates et 140,000 livres pour les corvettes complètement équipées, moins les canons, les armes et les munitions.

Ces difficultés résolues, la convention conclue entre le ministre et les entrepreneurs le 26 avril 1756 reçut un commencement d'exécution. Le 20 septembre, un ordre du roi nommait les frégates la *Malicieuse* et la *Bouffonne* et les corvettes la *Lutine* et la *Tourterelle.*

Ces deux dernières seules avaient été mises en chantier. Poussées assez rapidement, elles furent lancées au commencement de mars 1757.

Ranché avait vu juste en signalant les difficultés que devait créer à ces navires la faible navigabilité de l'Orne. Les déboires commençaient. On devait les faire descendre à la mer en profitant de la forte marée du 1er mai; tout ce qu'on put faire fut de les amener à mi-chemin entre Caen et Salenelles.

Une nouvelle tentative eut lieu le 2 juin. Pendant ce séjour dans une rivière où l'eau leur manquait, elles échouaient, s'inclinaient jusqu'à embarquer l'eau par leurs sabords et fatiguaient énormément. Il était difficile de compter sur ces navires dans ces conditions, et il était à craindre, faisait observer Ranché, que ce ne fût pis pour les frégates.

Enfin une marée plus favorable vint tirer les deux corvettes de cette situation critique. Le 20 juin, elles entraient au Havre, où elles étaient aussitôt abattues en carène et leurs avaries réparées.

Avant ces incidents, Jouvencourt et Cie, encouragés par le succès du lancement des corvettes, avaient offert d'en construire quatre nouvelles aux mêmes conditions. Ils rabattirent plus tard leurs prétentions à 118,000 livres chacune. «C'est 4,000 livres de plus que dans les autres ports, disait Ranché, mais on peut les accepter en considération des frais assumés par les soumissionnaires.»

Il paraît bien, d'ailleurs, qu'instruits par l'expérience ils devaient mettre ces navires en construction non plus à Caen, mais au bas de la rivière.

Le changement de ministre ne permit pas à ce projet d'aboutir. Moras, qui avait succédé à Machault, se montra hostile à toute construction, aussi bien à Caen qu'à Salenelles. Sur les instances de Ranché, les entrepreneurs se décidèrent à résilier leur marché moyennant une indemnité de 10,000 livres qui leur fut accordée en octobre.

Les bois déposés à Caen pour la construction des frégates furent transportés au Havre en janvier 1758 et immédiatement mis en œuvre. Ce fut très probablement heureux pour Jouvencourt et Cie. A voir la peine qu'ils avaient eue à faire descendre l'Orne à des corvettes de 160 tonneaux, tirant 7 pieds d'eau à l'état lège, on peut se demander quelle aurait été leur situation avec des frégates de 350 tonneaux, calant non chargées près de 11 pieds.

La *Lutine* et la *Tourterelle* eurent des carrières très dissemblables. La première, partie le 31 août 1757 du Havre pour Dunkerque, sous le commandement du capitaine Basset, auquel il avait été accordé un brevet de lieutenant de frégate, se perdit corps et biens en octobre suivant sur le Dogger-Bank, sans que les frégates la *Valeur*, la *Mignonne* et le paquebot *Rochefort*, qui l'accompagnaient, eussent pu lui porter secours ni sauver personne de son équipage. On attribua cette catastrophe à un vice de construction ou à des avaries qu'elle aurait subies pendant ses échouages.

La *Tourterelle* eut une fin moins tragique et une existence plus longue. Placée d'abord sous le commandement de l'audacieux capitaine Vauquelin, elle fut envoyée reconnaître la flotte anglaise jusqu'à l'île de Wight. Dans cette expédition, Vauquelin fit montre des qualités d'initiative et de hardiesse dont il devait donner des preuves éclatantes quand, commandant la frégate havraise l'*Aréthuse,* il forçait deux fois les lignes de Boscawen qui assiégeait Louisbourg.

L'on retrouve la *Tourterelle* en 1758 sous le commandement de Lamoisse, puis en 1760 on la voit armée en course par deux négociants havrais, Lemonnier et Leforsonney, qui l'avaient confiée à un capitaine de Saint-Malo, Josse de la Coudray.

Dans cet avatar, la *Tourterelle* n'eut guère le temps de roucouler aux navires ennemis de chanson désagréable. Le 6 avril 1761, quelques jours après sa sortie du Havre, elle était capturée entre Jersey et Guernesey et conduite à Portsmouth.

En dehors de ces deux bâtiments, on trouve à cette époque un petit navire construit à Caen qui, pour avoir eu une naissance moins discutée, n'en a pas moins joui d'une réputation méritée et rendu des services signalés. Il fallait bien, au reste, que l'on parlât de lui, car son nom, pour un corsaire, le prédestinait à devenir redoutable : il s'appelait l'*Infernal*.

Construit à Caen en 1756, jaugeant 90 tonneaux, armé de 12 canons de 6 et de 4, de 50 fusils, monté par un équipage de 116 hommes, l'*Infernal* appartenait aux armateurs havrais De Longuemare frères. Il était commandé par le capitaine Louis Deferne.

Sorti du Havre le 19 août 1756, il envoie à Dieppe, quelques jours après, un navire anglais de 110 tonneaux. En septembre, il se rend maître, après un combat qui lui coûte 5 hommes tués et 8 blessés, d'un garde-côtes ennemi de 12 canons, qu'il conduit à Calais. Le même mois, il rançonne pour 17,000 livres un bâtiment chargé de goudron.

Puis l'*Infernal* semble remonter vers le Nord ; il amène à Christiansund une grosse prise anglaise, l'*Aventure*, dont la vente donnera bien du tracas à ses armateurs. En novembre, on le retrouve dans la Manche, où il fait trois prises, dont l'une de 140 tonneaux qu'il conduit à Cherbourg.

Les tempêtes de l'hiver font regagner à l'*Infernal* son port d'attache. Il paraît n'en plus sortir, du moins comme corsaire, car on le trouve en novembre 1758 affrété par la Marine pour servir de découverte.

BIBLIOTHEQUE NATIONALE DE FRANCE
3 7531 04746302 2

www.ingramcontent.com/pod-product-compliance
Ingram Content Group UK Ltd.
Pitfield, Milton Keynes, MK11 3LW, UK
UKHW021152230726
13926UKWH00001B/56